图书在版编目（CIP）数据

思考世界的孩子.想个不停卷/（法）阿内-索菲·
希拉尔,（法）格温尼拉·布莱著;（法）帕斯卡尔·勒
梅特尔绘;刘夏译. -- 北京：中信出版社，2023.9（2025.7 重印）

ISBN 978-7-5217-5747-7

Ⅰ.①思… Ⅱ.①阿…②格…③帕…④刘… Ⅲ.
①哲学—儿童读物 Ⅳ.①B-49

中国国家版本馆 CIP 数据核字（2023）第 089423 号

Les grandes questions philo pour les 7 à 107 ans - Tome 1 © Bayard Éditions, France, 2013
Text: Gwénaëlle Boulet; Anne-Sophie Chilard; Oscar Brenifier
Illustrations: Pascal Lemaître
Simplified Chinese translation copyright © 2023 by CITIC Press Corporation
ALL RIGHTS RESERVED

本书仅限中国大陆地区发行销售

5页和65页文章版权：
The chapters "C'est quoi, être libre?" and "Est-ce important d'être beau?"
are written by Marion Joseph and Lucie Tourette.

法国百年品牌
•• bayard

思考世界的孩子·想个不停卷

著　者：[法]阿内-索菲·希拉尔　[法]格温尼拉·布莱
绘　者：[法]帕斯卡尔·勒梅特尔
哲学顾问：[法]奥斯卡·柏尼菲
译　者：刘夏
出版发行：中信出版集团股份有限公司
　　　　　（北京市朝阳区东三环北路27号嘉铭中心　邮编　100020）
承 印 者：北京联兴盛业印刷股份有限公司

开　本：889mm×1194mm　1/16　　印　张：17.25　　字　数：300千字
版　次：2023年9月第1版　　印　次：2025年7月第21次印刷
京权图字：01-2023-2892
书　　号：ISBN 978-7-5217-5747-7
定　价：135.00元（全2册）

出　品：中信儿童书店
图书策划：如果童书
策划编辑：王玫　　　　　责任编辑：王琳　　　　营销编辑：赵诗可
封面设计：姜婷　　　　　版式设计：王妍　　　　内文排版：李艳芝

我是谁?

写给被问题困扰的大人们

为什么会有人类？什么是智慧？

为什么我们要工作？为什么会有领导者？……

孩子们总会向我们抛来诸如此类颇具哲学意味的问题。

然而，在面对这些问题时，我们往往难以招架。

而更让我们感到无力的是，作为父母或教导者，

这时我们本应给予他们一个好的回答。

我们的职责是引导孩子们独立思考，

建立自己的思维模式并主动寻求更多的答案。

为他们解答问题的过程，也能使我们自己增强信心。

提问，思考——一起来享受这个有意义的过程吧！

《思考世界的孩子》收录了法国《爱思特比》（*Astrapi*）

儿童杂志上的专栏漫画，这些漫画逐一解答了上面的问题。

很多回答引人深思，它们既生动活泼、又严谨并趣味十足。

生动活泼：本书因漫画里可爱的主角而显得生动活泼。

这是一群对新事物抱有强烈好奇心、

很会寻找乐趣、善于思考问题并寻找答案的人。

他们性格多样，组成了我们的社会；

他们拥有不同的观点，观点间互相碰撞，

对各种假说进行推论，形成了我们的思想。

全速前进！

严谨：本书的大部分内容都来自孩子们在班级中的谈话，

而我们的哲学顾问让-查尔斯·莱奇与奥斯卡·柏尼菲，

将这些谈话与哲学概念联系了起来。

在这个过程中，我们会发现自身想法的局限性，

同时慢慢转变既有观点。

这是一个需要努力但成效显著的过程，

因为它与思想的自由度密切相关。

亚里士多德 等等
柏拉图

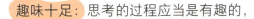

趣味十足：思考的过程应当是有趣的，

同样，我们希望本书能趣味十足。

因此，我们选择了对所有人来说都简单易懂的文字，

以及才华横溢的插画师帕斯卡尔·勒梅特尔的图画，

将玩笑、幽默、温情和深刻巧妙地融合在一起。

帕斯卡尔，
别打瞌睡了！

他还在睡！

本书分为 两卷 ，书中的问题能充分地引发思考。

我们希望孩子们会喜欢这本书。

安静，
我在思考问题！

好了，现在这些主角要 开动脑筋 了！

加入他们吧！

《爱思特比》儿童杂志编辑部

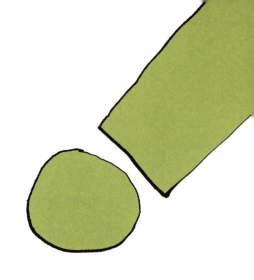

目 录

羞愧 是什么？

虽然我不知道他怎么了，但是他看起来很糟糕。

可能是因为他没穿衣服。

或者……是因为他在总统面前放屁了吧？真是太尴尬了！

嘿！别再盯着他看了，你们没发现他感到很难堪吗？

在很多情况下，我们都会感到羞愧。

有时候，我们不喜欢别人发现我们的秘密。

每当我们遭遇失败，而别人却获得了成功时，我们会很难过，觉得自己很没用。

有时，我们会因为某些事而受人指责，
　　　就算没做过这些事，
我们也还是会在意别人的看法。

有时，我们做了一些蠢事或是坏事之后，会感觉很糟糕。

2

想要隐瞒的事被别人发现时，
我们会感到羞愧。

当对自己不满意时，
即使并没有别人关注我们，我们也会感到羞愧。

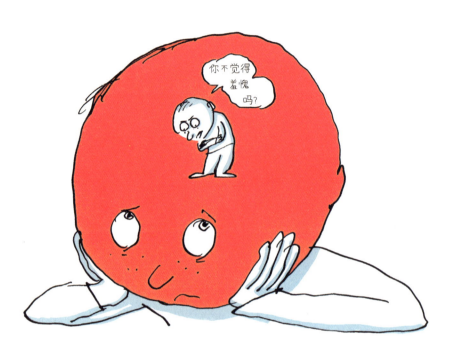

有时，我们会因为自己的某些行为、话语甚至想法而感到不舒服。

这时，脑海中会出现一个小小的声音：

"嘿，你不觉得羞愧吗？"这就是自我反省。

听听脑海中的声音吧！它可以让我们避免做蠢事。

美
还是丑?

"美" 有各种各样的标准……

它取决于人，取决于人们的生活状态、经历或者品味。

随着时代的变化，美的标准也会发生改变。
在某个时期被认为是美的事物，在另一个时期可能就不受欢迎了。

在不同的国家和文化中，美的标准也不同。

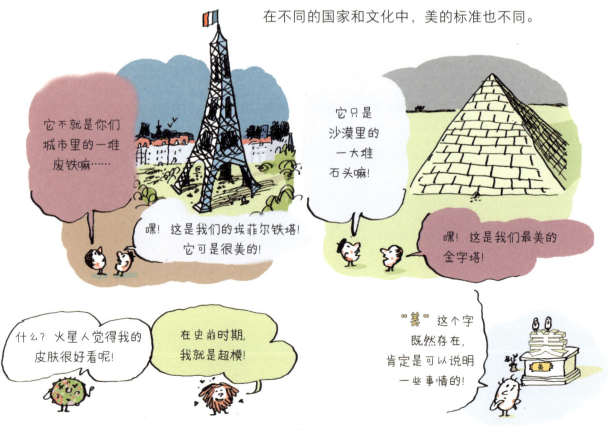

让我们想一想，还有什么可以被称为美？

这一页留给你，快在这里贴上或画上你认为美的东西吧！

你为什么
觉得
它美？

来，画点
漂亮的!

他想
让我干吗？

为什么我们会恐惧？

每个人都有恐惧的时候。

有些恐惧，出现在我们小时候……

啊呜！

妈妈，别走，我害怕。

这次如果再考不好，我就完蛋了。

长大后，我们也有害怕的事情。

我真担心他会出什么意外！

再找不到工作，我就完蛋了。

有些恐惧是暂时的，

我不敢跳下去！

而跳了几次以后……

哟呼！

啊———啊！

几秒钟后……

乖狗狗，真可爱！

而有些恐惧会反复出现。

救命啊！有蜘蛛！

天哪，这造型太吓人了！

3

有些恐惧能够帮助我们避开真正的危险，

这个悬崖太高了，我们不能跳!

有些恐惧
只是我们
想象出来的。

柜子里有一只怪兽，我感觉到了!

4

有些恐惧，我们很喜欢，

哈利，小心背后!
快，快呀!

天哪，
我既害怕
又兴奋!

有些恐惧，是可以克服的。

这真叫人笑不
出来。

我怕坐汽车、火车和飞机。

噗!

5

有些恐惧需要我们自己去克服，

只要把
这封信交给她，
我就是
地球上
最勇敢
的人。

我知道，
世上根本就
没有吸血鬼。

而另一些恐惧，我们需要别人的帮助才能克服。

妈妈，你能帮我
看看床底下有没
有妖怪吗?

加油! 加油! 加油!

我不知道自己
为什么会害怕生病。

如果你想知道，
我们可以一起
研究一下。

恐惧：是阻力还是动力？

有的恐惧会使我们停止前进，就像是生活被踩下了刹车。

（法语单词peur的意思是恐惧。）

我们害怕与他人交流，所以不敢与人说话；

害怕未来，所以不想长大；

害怕学校，所以不想上学……

此时，恐惧是阻力，它会阻碍我们更好地生活。

也有一些恐惧是动力，它会推动我们前进！

通常，我们都想要变得无所畏惧。

但如果不是因为害怕比赛失败，
又怎么会在训练时竭尽全力呢？

如果不是因为害怕死亡，
又怎么会尽情地享受生活呢？

为什么我们会变老?

变老是正常的！

所有人都会经历出生、成长、衰老……最后死亡，
这是自然的生命周期。

外婆，我们为什么会变老？

这个嘛……说来话长……

看，这是我婴儿的时候！
我现在已经80多岁了。
从一出生我们就
开始变老了！

这是我的姐姐热尔梅娜。
对于她来说，我永远都
比她小哟。

这是我的猫，名叫波波。
它比我老得快多了！

这是我和我的丈夫约瑟夫，我们
看起来很般配吧，是吧？

是的，
你们一直都很般配！

我有四个孩子……
还有很多要好的朋友！可惜，
她们当中有很多人已经去世了。

时光流逝，我的孩子
也已经有自己的
孩子了。生命
开始轮回。

这个小女孩
是我的妈妈，
对吗？

是的。时光在不停地流逝……
这是你小时候。

衰老总归不是一件有趣的事。

我觉得变老是一件很令人难过的事情。

我们的身体会变差，有时还会变得糊涂。

变老之后，就不能做运动了。

可是我并不喜欢运动啊！

看这位奶奶，她的头发全白了。

还有很多皱纹呢！

因为衰老后，我们的身体会慢慢发生变化……

老了以后，整天待在家里，一定会很无聊吧？

但是在我们小时候，有些日子也很无聊啊！

不瞒你们说，我好害怕死亡啊！

可能是因为地球上没有足够的地方了，所以人们才不得不死去……

世界在变化，人类也在不停地代代相传……

等等！我觉得变老并不是很可怕呀！它也是有好处的！

就像生活中有快乐，也有悲伤，
变老也有它好的一面。

18

为什么
我们会
做蠢事？

你在干什么！
给我站住！

有时，我们并不是故意做蠢事的。

 **有时，做蠢事是为了寻开心。**

有时，我们因为无知而做蠢事。

犯错后，我们就会吸取教训。

终其一生，我们都在不断
犯错，不断学习。

4 有些人只考虑自己，
所以会做一些后果严重的蠢事。

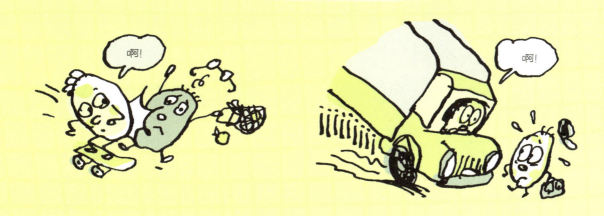

小时候养成的一些坏习惯，长大后会引起更严重的后果。

5 有些"蠢事"会使人类进步。

在一些人眼中，这是"蠢事"；
但对于另外一些人来说，这是一个了不起的发明。

父母和其他大人

大人们会帮助我们成长。
通常，他们知道什么是蠢事。

规则和法律

国家和学校都有必须遵守的规则。
如果不遵守，就会受到惩罚。

谁规定这是件蠢事的?

朋友

当我们做蠢事的时候，
朋友会提醒我们
或阻止我们。

自己

随着渐渐长大，
我们会在行动前多加质疑或思考。
这样，我们做的蠢事就会变少了。

为什么会有
人类？

虽然人类已经在地球上存在了几百万年，
但人们还是想要弄清楚，为什么人类会存在于地球上。

嗯！嗯！

我存在！

是的，
但你为什么
会存在呢？

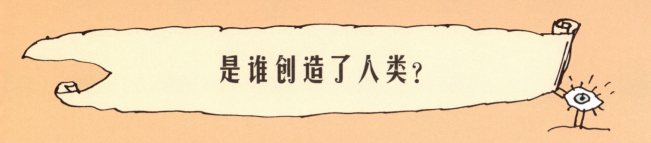

是谁创造了人类？

有些人认为：上帝创造了人类，也创造了整个宇宙。

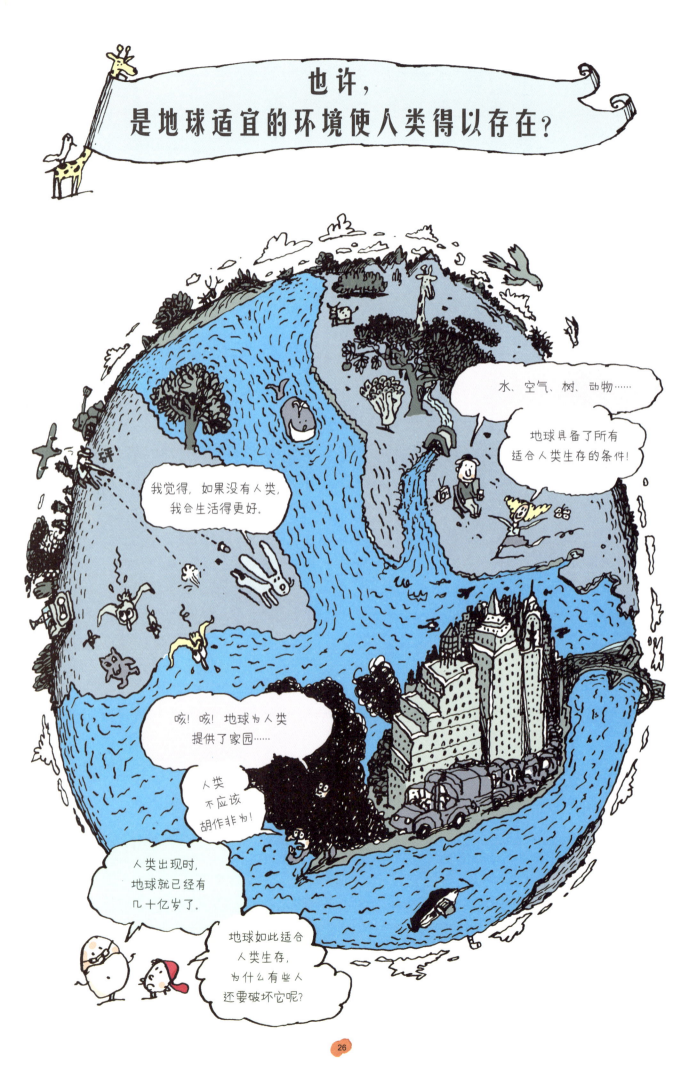

也许，
人类的存在并没有什么意义？

人类的存在不可能没有意义！

为什么不可能呢？

说人生没有意义的人，可能只是懒得去寻找答案？

也许人类存在的意义就是过好自己的生活吧。这已经很不容易了。

注意！"没有意义"，同时也意味着，我们每个人都可以为自己的生活赋予不同的意义。

总之，只有人类知道自己的存在。

只有人类
会思考。

只有人类
会说话。

只有人类能
明白生与死的概念。

那么，我们是怎么知道自己存在的呢？

只有人类知道怎样改变世界，
因为他们有智慧，懂得什么是爱。

人类知道，即使一些人死去了，
还会有另一些人出现。

什么是 爱情?

所有人都在谈论爱情。

爱情有时会让我们神往，有时会让我们害怕，

因为它是一次冒险，

一次尽管困难重重但充满幸福的冒险；

也是一次可以发现自我，甚至超越自我的冒险！

大冒险!

小时候，我们爱自己的
父母和兄弟姐妹，与朋友之间也有友谊。

有一天，我们发现了一种新的感情：
我们爱上了一个男孩，或者一个女孩。
这种感觉很强烈……也很难描述。

慢慢地，我们越来越了解这份感情。
终于有一天，我们遇上了想要共度一生的真爱。

爱情会让人快乐，也会令人悲伤。

能够一起分享很多事情，真是太棒了!

爱和被爱都很美好。

我们可以信任爱人，这让人很安心。

爱，给我们插上了翅膀。

别人不再爱我们时，我们会很难过......

有时，我们不懂爱情，因为它太复杂了。

使用方法

唉，爱情沉重得让我喘不过气来!

我还是比较喜欢我的朋友!

爱情是快乐和悲伤的结合体吗?

一千个人的爱情，有一千种样子……

什么是
成功的人生？

《思考世界的孩子》大调查
对于你来说,"成功的人生"意味着……

在你的选择前打"√",或把它写下来。

- [ ] 有工作
- [ ] 成为行业精英
- [ ] 有朋友
- [ ] 帮助别人
- [ ] 当名人
- [ ] 成为和父母一样的人
- [ ] 笑口常开
- [ ] 有孩子
- [ ] 做想做的事
- [ ] 实现梦想
- [ ] 赚到钱
- [ ] 有一个爱好
- [ ] 结婚
- [ ] 做幸福的人
- [ ] 完成学业
- [ ] 坚持做自己
- [ ] 探索世界
- [ ] 遇见不同的人

- [ ] 其他: ....

成功的人生意味着什么?

1 每个人对成功的定义是不同的。

2 我们无法在所有事情上都取得成功。

3 长大之后,我们逐渐明白了自己真正想做什么。

4 成功永远不怕来得晚。

那么，谁来判断我们的人生是否成功呢？

很多人给我们建议、评判或者鼓励我们。
但只有我们自己知道，什么才是最重要的。

因此，只有我们自己可以判断，
我们的人生是否成功。

我们可以
畅所
欲言
吗？

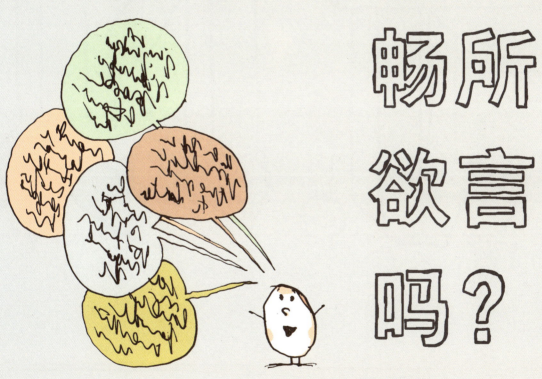

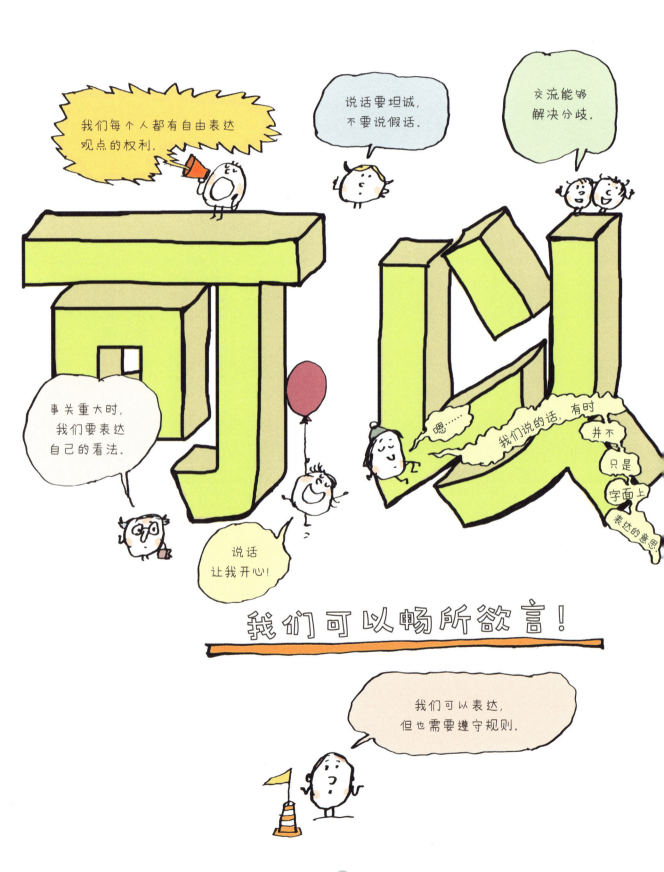

你会怎么做呢？

读下面的三个故事，想想你会怎么做，在合适的选项前打"√"。

- ☐ 你回答："哼！反正我不在乎什么诗歌！"
- ☐ 你向老师解释，你确实用功背诗了，但当众朗诵诗歌使你很紧张，所以忘词了。
- ☐ 你什么也不说，下课后在角落里哭泣。

- ☐ 你担心惹他生气，就告诉他："嗯……真好看！"
- ☐ 你对他说："坦白地说，真的太难看了！像是从垃圾桶里捡来的。"
- ☐ 你对他说："要我说的话，我不太喜欢，不过萝卜青菜各有所爱嘛！"

- ☐ 你已经发誓要保守秘密了，因此你把这件事藏在心里。
- ☐ 你劝你的朋友把这件事告诉一个可以信赖的人。
- ☐ 你觉得这个秘密事关重大，因此把它告诉了大人。

话只要说出口，就收不回来了！

这些话会使听到的人开心、惊讶，可以安慰他们，也可能伤害他们。

有时，人们只是为了聊天而说话，但话语会带来不同的效果，

它会推动事物向积极或消极的方向发展。

所以，俗话说得好：三思而后行！

为什么有时我们会变得很坏？

① 我们有时会很友好，有时又会变得很坏，
这得**看情况**。

② 有时，因为**遭遇不幸**，
我们会变得很坏。

③ 有时，我们对别人很坏，
是因为他们先对我们做了坏事。
这会持续很长时间！

④ 有时，
我们变坏是因为不喜欢某人，
想要**捉弄**他。

5

有时，为了给人留下**深刻的印象**，
我们会假装自己很坏，
其实，那并不是真正的我们。

6

有时，我们会**假装**自己很友好、很高兴，
那是因为必须这样做，
而在心里，我们其实态度很差。

7

有时，别人会指责我们态度恶劣。
为了知道这些指责是否正确，
我们需要认真**反思**自己做过的事……

8

如果我们一直很坏，
很快就会发现自己变得**孤零零**的。

故意的 还是 无意的？

有些人故意做一些事或
说一些话去伤害他人，
那的确是很坏的。

有些人只是无意中做了坏事，
却也会被认为是坏人。

我们不可能永远
都不做坏事！

对呀！因为人无
完人嘛……

但我们可以
尽量多做一些好事。

什么是勇气？

哈哈哈！
我一点都不害怕！

哇，他好勇敢！
什么都不怕！

真想像他
一样
勇敢……

哼，
超级英雄是
不存在的！

事实上，
每个人都有
害怕的东西！

你怎么看？

每个人都有勇气吗？

有时，
为了维护正义，
我们会
不顾自身安危。

把你的零食给我，否则我就揍你！

救命啊！

哎呀！这样做是不对的！

快住手，不然我就去告诉老师！

有时，帮助别人需要克服恐惧，但也能带给我们勇气。

有时，我们要勇敢地 **拒绝** 一些事情。

来呀，一起跳！

才不呢！我又不傻……

幸好我们还是害怕危险的！

我们什么时候该勇敢，并不是别人说了算。

有时，胆小反而是好事，能让你做出更明智的选择。

被恐惧控制时，我们就失去了自由。

而对抗恐惧的武器，就是勇气。

我们应该
对别人
言听计从吗？

我们应该对别人言听计从吗？

把电视关了！

太晚了，快去睡觉！

再看5分钟，可以吗？

明天又不用上学……

应该。 孩子应该听父母的话，因为父母对孩子负责，知道什么可以帮助他们成长，而当孩子长大后，他们就能判断最适合自己的是什么了。

快走！你为什么不走啊？

别！要等到绿灯亮了才能走，这样比较安全。

不应该。 当我们察觉到危险时，就不能听从别人的话。这时，即使自己是小孩也可以说："不，我不能这样做！"

我告诉过你，这里禁止踢球！

"我应该听老师的话！"把这句话抄100遍！

老师，这不是我干的！

嘻嘻！

应该。 孩子应该听老师的话；如果不听话，就会受到惩罚。不过，大人们知道得更多，并不意味着他们就不会犯错。有时，他们的命令可能是不公正的，这时孩子就应该据理力争。

不应该。 当我们不信任他人时，就不要对其言听计从。我们不能盲目相信大人的话。他们比我们更强壮，但也可能会伤害我们。

应该。 我们应该遵守法律法规，否则就要受到制裁。如果没有法律，我们的生活就会乱成一团！

不应该。 我们不应该不加分辨地对别人言听计从。当我们不想听从命令，或者不同意别人的观点时，即使可能会挨骂，也要把自己的想法说出来。

生活中，不只是孩子们需要听话。

为了更好地生活，人们制定了一些规则，大人也得遵守。

听话不意味着忘记思考。

当我们觉得命令或是规则不公平时，别犹豫，大声说出来！

什么是智慧？

人类很聪明，因为他们会思考、说话、创造……

嗯，他们还会把小球扔给狗狗……

智慧可以被测量吗？

想要测量智慧，
几乎是不可能的。

有智慧，并不等于什么都知道。

聪明的人也可能
不了解所有的事。

智慧是可以培养的。

你看，这是蜀葵。
这种花需要充足的阳光和水分……
为了让它长得更好，我给它加上了支架。

爸爸，
你真聪明！

你是怎么知道这些的呀？

我会看书，
也会和其他花匠一起
讨论……多种几次，
我慢慢就知道了……

经过学习和努力，我们的智慧会增长，
这并不只适用于孩子哟！

有智慧的人也会犯错误。

嘭！

糟糕！我不应该
加柠檬水的！

任何人都会犯错。有智慧的人会承认错误、改正错误，
然后在错误中获得进步。

有智慧的人比其他人更优秀吗？

谁想当
班长？

快去呀，
你最聪明了！

选他，
他最友好！

选她，
她最大方！

智慧，通常被看作是很重要的品质。
但是，其他品质也非常重要！

想要变聪明，有很多方法呢！

有些人很细心。

有些人的身体很灵活。

有些人的逻辑思维能力很好。

有些人的想象力很丰富。

有些人很擅长画画。

有些人拥有丰富的情感。

有些人的动手能力很强。

有些人的口才很好。

为什么我们要工作？

那么，我们为什么要工作呢？

长大成人后，我们需要自力更生。

有些付出能够得到回报！

当我们进入社会后，
各司其职会让人安心。

无所事事的人会被人看不起。

工作可以使我们更加充实，
也可以让我们遇见许多不同的人。

做自己喜欢的工作是一种乐趣。

每个人工作都是
有理由的……
如果不工作，
也得有个理由！

为什么父母要有孩子？

出于很多原因，父母想拥有自己的孩子……

男女结合之后，
就可以有自己的孩子。

家庭会让很多人觉得安心。

当人们深爱彼此时，就会想要拥有共同的孩子。

和所有的生物一样，
人类繁衍后代是天性使然。

有些人想要孩子，
只是因为想和别人一样。

有些父母认为，
孩子长大后可以帮助、支持他们，
甚至教他们一些事情……

有时，父母会把没有实现的
理想寄托在孩子身上，
让孩子替自己实现。

每个人都会死亡。生儿育女，是一种延续生命的方式，
也是一种在世上留下痕迹的方式。

我们也可以把孩子看作
家庭、国家、世界的未来与希望。

因为热爱生命，所以我们赠予孩子生命的礼物，
希望他们也来看看这个世界。

大惊喜！

我们从来都想象不出，拥有自己的孩子会是什么样的……

孩子成长的每一天，都会给父母带来惊喜。

很多父母决定拥有自己的孩子，或许是出于这个原因吧？

什么是
自由？

自由？开什么玩笑！自由根本不存在！比如：

我不能在晚上看电影，不能不去上学，不能一个人去电影院，

不能养宠物，不能坐在汽车副驾驶的位置上，不能想吃什么就吃什么，

不能随心所欲地玩游戏，不能把房间弄乱，不能在上课时和同桌聊天，

不能打弟弟，不能不学钢琴，不能买下所有我喜欢的衣服……

的确，我们不是完全自由的，

我们的自由被社会和生活中的规则所限制。

有些规定是不能违背的，比如学校的制度和国家的法律，否则我们会受到惩罚。

还有一些道德上的原则……如果不遵守，会让人不开心。

自由受到限制，是因为一些事情影响着我们的行为。

比如，我们的身体和情绪……

又比如，我们所受的教育和别人的看法……

但至少……

我们可以自由地对这些规则提出疑问。

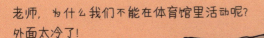

老师，为什么我们不能在体育馆里活动呢？外面太冷了！

因为体育馆里没有老师监管。但是我会把这个情况报告校长，会有解决办法的。

我们可以试着改变规则：提出我们的意见，投票，然后实行……

哦不，又是羊毛开衫！

爷爷，谢谢您的礼物！但是，您知道吗，其实我更喜欢羊毛套衫……

我们可以选择合适的方式，与他人和谐相处。

我们可以自由地追求自己真正喜欢的事物。

好了，我吃饱了。我得停下来，否则就会像上次一样生病的！

我们可以思考，什么才是真正有益的事情。

你决定加入我们了吗？

嗯……没有，我决定加入舞蹈社。

我们可以表达自己的真实想法。

自由，是需要学习的……

每个人终其一生，都在不断地发展、完善个性。

学会选择，我们就会越来越自由。

我们有权
偷懒吗？

人们觉得，
懒惰的人总是在浪费时间。

人们觉得，
什么都不做的人就是懒惰的人。

人们觉得，
懒惰的人没有付出任何努力。

人们觉得，
懒惰的人做事总不积极。

但这一切真的只是因为懒惰吗？

人们不喜欢懒惰的人。

但是，似乎忽略了许多无关懒惰的原因……

在这个忙忙碌碌的世界，每一秒钟都很珍贵，这让我们忘记了一件事：
什么都不做，并不意味着我们是无用之人。

最后，我们应该知道……

我们也需要完全属于自己的时间，
停下脚步来整理过去和找回自我。

为什么会有 领导者？

为什么我们需要领导者？

在一个集体中，
如果每个人都只做自己想做的事，
不考虑别人，就会引发大混乱。

领导者会从整体出发考虑问题，
让每个人找到合适的位置
并和谐相处。

如果所有人都一齐说话，
我们将听不到任何人的看法……

领导者可以代表大家说出看法，
也能更坚定地捍卫大家的权利。

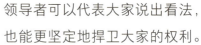

在一些危急情况下，
大家慌得手足无措……

这时，领导者往往能够找到解决办法。
他们知道应该做什么，
也能够获得所有人的信任。

生活中，我们可能会忽视其他人的感受……

为了能够和谐共处，
人们制定了一些规则。
而领导者的任务，就是督促每个人遵守规则。

当领导者真不是
件容易的事！

谁是领导者？

有些领导者是通过
投票选举出来的。

对于有些领导者来说，
成为领导者并非出自他们的意愿。

有些领导者是
大家所公认的。

有时候，最强壮的
人会成为领导者。

有些领导者能够让别人听自己的话，
并且心甘情愿地跟随。

生活中一旦缺少领导者，就会陷入混乱。但也有一些领导者很糟糕。
如果我们能够选择，一定要选择一位好的领导者。

我们的想法
是不受
影响的吗？

是什么影响了我们的想法呢？

由于别人并不知道我们在想什么，
所以我们会认为自己的想法是不受影响的，可是……

有时，我们很想与他人的行为保持一致，
于是，不知不觉，我们的想法
也和他们一致了。

情绪会影响我们的想法。
当我们喜欢或者欣赏某人时，
就无法做到客观看待了。

理智有时会限制我们的想法，
而想象力却可以激发出各种奇思妙想。

从小，就有人教导我们要懂礼貌，
要尊重他人。
这也影响了我们的想法。

我们的脑海中可能同时存在着很多想法，
我们无法完全控制自己的想法。

我们的想法会受到很多因素的影响，
而这可能有助于我们避免一些未经思考的行动。

再仔细思考一下……

再一起讨论一下……

这样做能够帮助我们了解
自己的真实想法……

当我们有了新的想法时，
会非常惊喜！

人为什么会嫉妒?

 我们会嫉妒, 一般都和他人有关。

我们会关注到别人有而我们没有的事物, 这让我们难过……

嫉妒的原因有哪些？

我们嫉妒一个人，是因为我们想要像对方一样被爱。

当父母去照顾别人时，
我们会觉得自己
得到的爱变少了。
我们会嫉妒，
是因为我们认为
爱无法分享。

我们嫉妒一个人，是因为我们想要得到和对方一样的东西。

有时，
嫉妒他人是因为
对方拥有我们
没有的东西。
我们不满足于自己
已经拥有的，
所以会嫉妒。

当我们嫉妒时，会发生什么？

当我们嫉妒时，
会感觉自己没有价值，
觉得不再被爱，变得很孤独……
嫉妒让我们痛苦……

嫉妒也会让
我们做一些坏事。

当我们不再嫉妒时，会怎样呢？

嫉妒很难完全避免。
但如果我们多去关心别人，不去攀比，就会觉得更幸福。

为什么人类和其他动物不一样？

人类和其他所有的动物一样，
都有生命，会呼吸，
需要吃东西，也会死亡。
原始人就是由古猿进化而来的。

但是。
人类区别于其他动物的
地方也有很多。

人和其他动物有什么区别？

人类会说话.

动物在有危险、求偶和防卫时，会发出信号。

人类会说话。他们会组织语句，提出问题并进行思考……语言使人类能够表达思想。

人类能够改造环境.

在不同的栖息环境中，动物会养成不同的生活习性。

人类会积极地改造环境。无论居住在哪里，人类都会对周围的环境产生重大影响，创造出适合自己生活和居住的条件。

人类有想象力。

每一种动物都有自己特定的行为方式，几乎不会改变。

人是一种有想象力的动物，而且拥有智慧。为了生活得更好，人类发挥想象力，不断地创造并美化环境。

人类知道每个人都会死亡。

今天的结局不错！嗯，任何事物都有结局……我也是！

动物和植物都有生命，都会死亡，之后，又会被同类取代。

人类知道自己会死亡，所以人类追寻生命的意义，也纪念逝去的人。

人类会关心他人。

呜——嗷！

我好饿！哪儿有吃的啊？

给，吃点零食吧！

动物会满足自身的生存需求，这是天性使然。

人类有道德观念，会为他人着想。有时，我们甚至会忘记自己的需要，先与他人分享，或是将自己的东西给予他人。

人类的地位如何呢？

地位和责任是
对等的。

人类很特别！

相对于其他动物和自然而言，人类的智慧使他们拥有更多权利，

正因为如此，人类也肩负着更多的责任。

既然
人类会死亡，
那么
生命的意义
是什么呢？

所有的生命都会死亡。

地球上有各种各样的生命。
所有的生命都要经历出生、成长、繁衍后代和死亡的过程。

可是，只有人类明白死亡是什么。
生命的终止，是一件让人很难接受的事情。

我无法选择是否出生，
居然还要面对死亡!

真让人难过!

什么是死亡？

一直以来，人类从未停止对死亡的探索，
某些思想家和宗教信仰者认为自己找到了答案。

丰富多彩的生活

正因要面对死亡的到来,
每个人都会尽力给人生赋予意义。

为什么我们总是想要更多？

我们想要变得更强。

生活中，我们需要安全感。

我们认为，拥有越多就越强大，所以我们想要……

钱

朋友

美貌

大房子

智慧

汽车

+ 出名

+ 变得时尚

+ 拥有更多领土

谢谢惠顾   特等奖

+ 拥有运气

我们还想要……

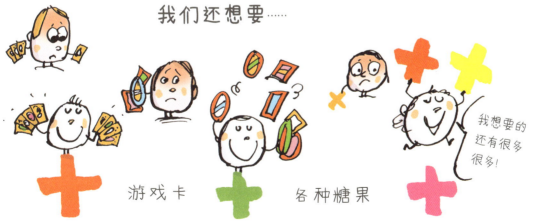

+ 游戏卡

+ 各种糖果

我想要的还有很多很多!

很多时候，我们把生活看作一场与自己或是与他人的比赛。

为了赢，我们要努力做得更好……

拥有更多，真的就会更幸福吗？

如果我们总是想要更多东西，就可能永远不会幸福！

一直想要更多，就会一直无法得到满足，也不会为已经拥有的一切而开心。

我们应该一直友善吗？

你想做个友善的人吗？

友善一点！

很好，你已经很友善了……

我们为什么要友善？

有时，我们真的很友善。

有时，我们会出于某些原因隐藏真实的情绪，装作很友善。

有时，
我们表现得友善
是为了让自己
开心。

设身处地
为别人着想，
让我们变得
更加友善。

有时，
我们表现得友善
是为了获得
某些东西。

有时，
是为了得到夸奖。

有时，
我们会被迫
表现得很
友善。

有时，友善
意味着遵守
某些规矩，
比如讲礼仪。

有时，
我们友善
是为了
讨人喜欢。

有时，
我们友善
只是因为
不会拒绝。

我们应该一直友善吗？

为了与他人和谐相处，我们要友善待人。

可是，无论在什么情况下都需要保持友善吗？

对人友善就是一味地满足别人的需要吗？

对做坏事的人也要友善吗？

所有的事情
都很
好笑吗？

不，并非所有的
事情都好笑……

有些事情其实并不好笑……

有时非常悲伤!

有时让人难过!

被他人嘲笑时,
我们会很生气!

你们不会感到羞愧吗?

但是,

在一些非常悲伤的场合,例如失去至亲时,笑一笑可以减轻痛苦,让悲伤不那么强烈。

但是,

如果大家都明白我们不是在伤害彼此,那么可以开开玩笑。

但是,

如果我们不把玩笑放在心上,事情就会变有趣!而且这说明你可以坦诚地接受自己。

没有笑容的世界是乏味的！

如果没有笑容，世界将会变成这个样子：

外表美丽
很重要吗?

每个人对于美的看法都不一样。

在 17 世纪，
丰满的女人最美。
比如鲁本斯这幅画中的女人。

（＊本图由 ai 生成）

很多地方都会举办选美比赛，
人们会选出当地最美的女人。

在某些国家，
有的女性会在脸上画图案。

可是，她不可能
登上时尚杂志！

她并不让人惊艳啊，
和其他模特没什么区别！

哇，好像一幅画！
但是在法国，这样上街
可不是件容易的事。

路易十四戴假发，
穿长袜子和带蕾丝的华服。
当时，所有人都觉得
这样很好看。

（＊本图由 ai 生成）

如今在法国，
人们认为这样的男人
很帅气。

（＊本图由 ai 生成）

在日本，
相扑选手是明星。
很多女性觉得他们很有吸引力。

我可不敢这么穿，
羞死人了！

是的，
他长得很像
电影明星！

嗯……想在法国
当帅哥的话，
还是得减肥啊！

美的标准随着国家、时代和潮流的改变不断变化……
一个国家公认的美人，却不一定能在另一个国家受欢迎。

106

外表美并不是美的全部。

相由心生，我们的想法会影响我们的面容。

当我们爱一个人时，就会觉得对方很美。

有时，是我们的行为和语言让我们变得更美。

美有很多种表现方式。

贴上你的照片吧!

认为自己美的人，会越变越美。

当别人夸我美时，我会很开心……

我觉得每个人都很美!

怎样分辨真与假?

一些事情，只需依靠我们的所见所闻，就能分辨真假。

另一些事情，需要我们仔细思考或取得证据后，才能判断真假。

我们会混淆真假吗？

真与假，并不容易区分。

仔细想想，这世上并没有什么事情是绝对的。

好与坏的
标准是
谁规定的？

快把东西还回去！
你真是太坏了！

可是……我,
我太喜欢这些玩具了！

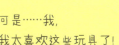

有些规则早已确定……

不许做这，不许做那！

生活中，有些事情可以做，有些则不可以做。

那么，是谁制定了这些规则呢？

法律

在法国，

议员由国民投票选举产生。

然后，由议员来投票决定法律的各项条文。

禁止闯红灯，
你被罚款了！

抢银行
会被判刑.

道德

自古以来，思想家们经过严密的思考，
提出了许多不同的生活准则。
有些准则能帮助
我们辨别好与坏。

谁是对的？

到底什么是好的，什么是坏的，没有人能下定论。

但是我们明白，人与人之间要想和谐共处，就必须遵守规则。

在遵守法律的前提下，每个人都可以决定自己做什么，或者不做什么。

当我们觉得规则不合理时，为什么不提出改进的建议呢？

犯错是一件严重的事情吗？

肯定是哪里
出错了……

是的，犯错令人讨厌，
后果很糟糕，有时还很严重。

当我们在别人面前犯错时，
会觉得自己很笨，
心里感到很难受。

当我们搞砸事情时，
会很害怕令他人失望，
也担心别人会因此离开我们。

犯错时，
我们会受到惩罚。

有些错误惩罚的第一个人，
就是自己。

即使我们不是故意的，
有些错误也会造成严重的后果。

不，做错事并非那么严重！

每个人都会犯错。

有些错误是可以弥补的。

有时，犯错会带来
意想不到的收获。

有些事并不是第一次做就能取得成功，
我们需要在错误中成长。

看待事物的方式远不止一种。一些人眼中的错误，
在另一些人的眼中可能不是错误。

我们应该害怕犯错吗？

索 引

（按拼音排序）

图书在版编目（CIP）数据

思考世界的孩子 . 问个不停卷 /（法）阿内－索菲·
希拉尔著；（法）帕斯卡尔·勒梅特尔绘；刘夏译 . --
北京：中信出版社，2023.9（2025.7 重印）
ISBN 978-7-5217-5747-7

Ⅰ . ①思… Ⅱ . ①阿… ②帕… ③刘… Ⅲ . ①哲学－
儿童读物 Ⅳ . ① B-49

中国国家版本馆 CIP 数据核字（2023）第 087597 号

法国百年品牌
•• bayard

思考世界的孩子·问个不停卷

著　者：[法] 阿内－索菲·希拉尔
绘　者：[法] 帕斯卡尔·勒梅特尔
哲学顾问：[法] 让－查尔斯·莱奇　[法] 奥斯卡·柏尼菲
译　者：刘夏
出版发行：中信出版集团股份有限公司
　　　　（北京市朝阳区东三环北路27号嘉铭中心　邮编　100020）
承 印 者：北京联兴盛业印刷股份有限公司

开　本：889mm×1194mm　1/16　　印　张：17.25　　字　数：300千字
版　次：2023年9月第1版　　印　次：2025年7月第21次印刷
京权图字：01-2023-2892
书　号：ISBN 978-7-5217-5747-7
定　价：135.00元（全2册）

出　品：中信儿童书店
图书策划：如果童书
策划编辑：王玫　　　　　　责任编辑：王琳　　　　　营　销：中信童书营销中心
封面设计：姜婷　　　　　　版式设计：王妍　　　　　内文排版：李艳芝

写给被问题困扰的大人们

我们应该与他人分享吗？我们到底是谁？

时间是什么？什么是信任呢？

为什么人们总会有意见不同的时候呢？……

孩子们总会向我们抛来诸如此类颇具哲学意味的问题。

然而，在面对这些问题时，我们往往难以招架。

而更让我们感到无力的是，作为父母或教导者，

这时我们本应给予他们一个好的回答。

我们的职责是引导孩子们独立思考，

建立自己的思维模式并主动寻求更多的答案。

为他们解答问题的过程，也能使我们自己增强信心。

提问，思考——一起来享受这个有意义的过程吧！

《思考世界的孩子》收录了法国《爱思特比》（*Astrapi*）

儿童杂志上的专栏漫画，这些漫画逐一解答了上面的问题。

很多回答引人深思，它们既生动活泼，又严谨并趣味十足。

生动活泼：本书因漫画里可爱的主角而显得生动活泼。

这是一群对新事物抱有强烈好奇心、

很会寻找乐趣、善于思考问题并寻找答案的人。

他们性格多样，组成了我们的社会；

他们拥有不同的观点，观点间互相碰撞，

对各种假说进行推论，形成了我们的思想。

严谨：本书的大部分内容都来自孩子们在班级中的谈话，
而我们的哲学顾问让-查尔斯·莱奇与奥斯卡·柏尼菲，
将这些谈话与哲学概念联系了起来。
在这个过程中，我们会发现自身想法的局限性，
同时慢慢转变既有观点。
这是一个需要努力但成效显著的过程，
因为它与思想的自由度密切相关。

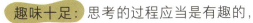

趣味十足：思考的过程应当是有趣的，
同样，我们希望本书能趣味十足。
因此，我们选择了对所有人来说都简单易懂的文字，
以及才华横溢的插画师帕斯卡尔·勒梅特尔的图画，
将玩笑、幽默、温情和深刻巧妙地融合在一起。

本书分为 两卷 ，书中的问题能充分地引发思考。
我们希望孩子们会喜欢这本书。

好了，现在这些主角要 开动脑筋 了！加入他们吧！

《爱思特比》儿童杂志编辑部

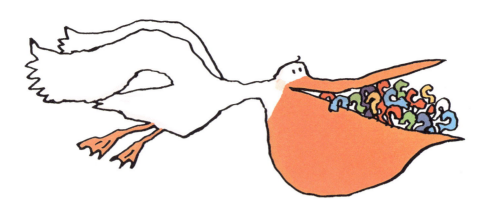

目 录

我们应该
与他人
分享吗？

 哈！哈！哈！

 真好吃！

与他人分享，可不是件容易的事！

为了更融洽地在一起生活，我们学会了分享。但这并不是一件容易的事……

那么，怎样与他人分享呢？

分享，可不像数数那么简单……

分享，并不是给予每个人相同的事物，而是给予每个人适合他的事物。

想要为他人着想，你也得学会为自己着想。

我们为什么要分享呢？

分享，其实也意味着需要承担相应的风险，因为付出后有可能得不到回报；
但同时，分享也会使他人更乐意与我们分享。

钱有
什么用？

为了获得所需的物品，人们很早以前就学会了以物易物。后来，钱诞生了……

有钱就不会受冻挨饿，生病了可以买药，还能穿体面的衣服……

工作是参与社会生活的一种方式。人们付出劳动，换取金钱。

钱不是万能的，但有了它，就能做很多很多事情。

在对比富人和穷人时，我们会发现他们的处境截然不同。

有时候，我们可以在喜欢的人身上一掷千金，而有时候，钱则可以用来帮助有困难的人。

然而，钱带来的不全是快乐。

不是每个人都有一样多的钱。

社会并不公平，嫉妒在所难免……

数不清的争吵，究其原因都是为了钱。金钱甚至会引发战争！

人们有钱时，往往会担心失去它，比如害怕它被偷走。

别碰我的钱！

他们都被金钱束缚住了！

钱能买到所有的东西吗？

我们到底是谁？

自我定义的方式有很多种，

一些信息可以将我们
每个人和其他人区分开来。

每个人的想法、
感受和情绪都不相同。

人们首先看到的是
他人的外表，即长相。

有时，他人会试着通过
我们的行为来定义我们。

我们永远和想象中的自己不同。

我们眼中的自己，与他人眼中的我们永远不同。他人可以帮助我们认识自己。

一生中，随着时间的流逝，人的身体和思想都会发生变化。

有时候我们会变得连自己都不认识自己，
会做出一些无法控制自己的、让自己都大吃一惊的事。

人的自我认知永远是不完善的，
但在成长的过程中，这种认知会逐渐清晰明确起来。

而且，
我们首先要明白一点：
我们不一定能成为
自己想要成为的人。

报复的念头
是怎样
产生的？

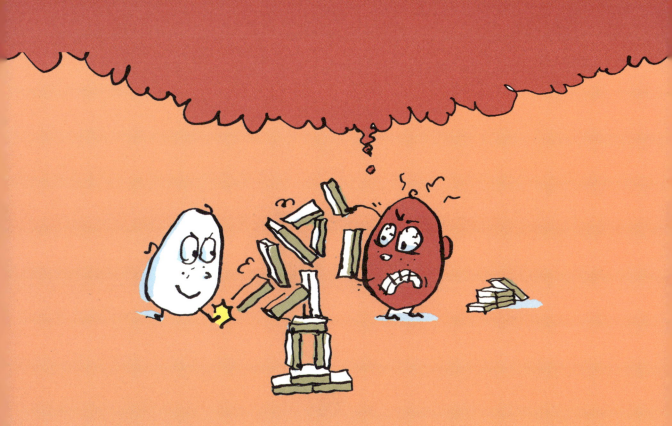

当我们觉得自己受到不公平的对待时，

当我们受欺负时，愤怒会让我们想要反击……

当有人让我们受伤时，我们会想让他付出代价……

当我们遭受打击时，我们需要宣泄自己的情绪……

我们立刻就会想到报复。

报复就像是一种条件反射，它会释放出我们体内的暴力。

暴力是一种
语言吗?

在报复的过程中，我们将自身受到的伤害返还给他人。

现在，
我们绝交了!

暴力是否会让
我们无法思考，
以至于想不到别
的解决办法呢?

有时，报复是为了表达内心的悲伤。
因为只有我们自己难过的话，就太不公平了。

不!

让别人难过,
真的能让我们
好受些吗?

除了报复，我们还能做些什么？

真正有勇气的人，
会拒绝被暴力牵着鼻子走。

为了找到解决办法，
有时我们可以寻求局外人的帮助。

我们应该听从自己内心的声音吗?

我一直都听从
自己内心的声音.
我相信自己的
情绪和感受.

是的，有时应该听从自己内心的声音。

但是，我们不能总是随心所欲。

学会倾听自己内心的声音，也要学会思考。

学会倾听自己内心的声音，同时也要学会思考，
以使内心保持一定的自由与理智。

20

艺术
有什么用?

艺术创造联系。

艺术拉近了人与人之间的距离，
让人们可以互相交流。

艺术可以使喜欢同一种文化，
或者来自同一个国家的人聚集在一起。

艺术让生活更美。

艺术，有时仅仅是为了
让人们享受那一瞬间的美丽。

艺术能激发人们的各种情绪，
它能使我们心驰神往、深受触动，
还能让我们浮想联翩。

艺术是一种语言。

一些深刻的情感我们无法用话语直接表达，
却可以通过艺术表达出来。

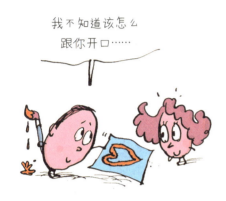

艺术可以让不同的世界观的人彼此交流。

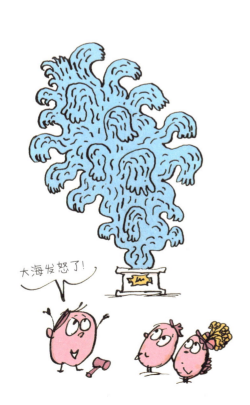

艺术有时
并没有什么用。

艺术不像双腿，可以使人前进；
也不像雨伞，可以让人免遭雨淋。

艺术就像想象力一样，
无须为了什么特别的目的而存在。

艺术是属于人类的，这很容易理解！

只有人类会仅仅为了乐趣而去想象、创造和解读世界。

为什么会有
战争？

人们为什么要发动战争？

有时，发动战争是
为了获得领土……

有时，是为了争夺
财富……

有时，是为了提出、推行或捍卫
自己的思想……

有时，是为了应战……

有时，是为了彰显自己
的勇气……

有时，是为了证明自己
是最强大的……

有时，是因为不想再
共同生活下去……

有时，是为了重获自由……

没有战争的世界可能实现吗？

会有整个世界都能维持和平的那一天吗？

从古至今，即使在最伟大的思想家之中，对这个问题的看法也存在分歧。

幸福的原因
是什么？

幸福的方式有上千种！

每个人都想得到幸福，但什么是快乐，什么是人生要追求的幸福，
每个人的定义都各不相同。

解决了最基本的
生活需求之后，
我们才能开始思考
什么能使我们幸福。

很多时候，我们会感觉到幸福……

当我们与所爱的人一起度过欢乐时光时……

当我们探索世界时……

当我们收到礼物时……

当我们做着自己真正想做的事情时……

当我们感受到爱与被爱的温暖时……

当我们赚到很多钱时……

当我们获得自由时……

当我们感受到生活中的简单乐趣时……

当我们光着脚在沙滩上漫步时……

当我们帮助他人时……

当我们画了一幅漂亮的画时……

当我们实现梦想时……

幸福的配方。

生活中，并没有什么现成的幸福配方。

那么，幸福是否就是看待生活的一种方式呢？

幸福，就是从好的一面看问题。

幸福，就是当美好的事物在身边时，能够抓住它。

在学校里，我们可以学到很多知识。

在学校里，我们可以认识很多人。

在学校里，我们学着自己解决问题。

为什么我们必须上学？

长大是件好事吗？

长大一定是件好事吗?

小时候，我们总是盼着长大，
后来才渐渐明白：长大并没有那么简单……

38

不是， 因为长大后父母对我们的
宠爱会减少。

难道真的没有人再关心、
照顾我们了吗？

不是， 因为长大后我们会死去。

难道人只会因为
衰老而死去吗？

是的， 因为长大后我们
会得到更多的尊敬。

但长大后，别人真的会
更愿意听我们的话吗？

是的， 因为长大后我们
会懂得更多事情。

但是我们认为懂了的
事情，就一定真的
懂了吗？

怎样知道自己长大了呢？

人为什么
要有想象力？

想象力能带我们去任何想去的地方，
而无须请求别人的允许……

想象力能让我们
看见一些肉眼看不见的东西。

有了想象力，
我们的世界就一切皆有可能。

想象力能帮人们创造出一些新的、
以前不存在的事物。

但也会让我们走弯路！

当我们开始想象一些不存在的事物时，想象力可能会令我们不安。

有时，想象力会让我们曲解现实，甚至相信想象就是事实。

想象力会使我们期待一些不可能实现的事情，而我们却有可能因此而感到失落……

想象力是我们的朋友吗？

每个人都有想象力，至于它是敌是友，
这取决于我们能否很好地认识它。

想象力能调动人的
真实情感，
创造出一些
虚幻的情境。

然而，如果我们过多地沉迷于幻想，
就很难再认清现实。

什么是
幸运？

幸运从哪里来？

人们认为，幸运是一件好事，因为它能使人生更加顺利。
可是，事情总是这样吗？

➡ 幸运只占二分之一。

有时候，幸和不幸只是事物的两个方面：有人赢，就有人输……

➡ 幸运的人……

当有人过得比我们好时，我们总觉得是运气帮了他大忙……其实，这是我们在嫉妒！

➡ 祝你好运！

有人相信，一些物品能给人带来好运，比如护身符。

46

➡️ 运气何时能来?

有时候，幸运就是在适当的时机采取行动。

➡️ 幸运还是不幸?

幸运的背后可能藏着不幸……有时则恰好相反！正所谓"祸福相依，否极泰来"。

➡️ 不幸的人……

有时，生活中的幸或者不幸，并非我们选择的结果。

怎样获得好运？

事情本身其实没有幸与不幸之分，
完全取决于如何去看待它们。

什么是朋友？

什么是朋友？

朋友，是我们所爱的人……

但不是恋人；

也不只是同伴。

我们选择朋友的原因各不相同……

有时是因为我们很相似，

有时又是因为我们很不同。

朋友，是我们想要一起分享的人……

分享美好的时刻，

也共度糟糕的时候。

朋友，是可以无话不谈的人……

悄悄说一些重大秘密，

或是一些让人心碎的事。

朋友，是我们可以依靠的人……

当我们需要帮助时，朋友永远在身边；

朋友是我们随时
可以向他开口的人。

什么是一生的朋友？

当我们觉得自己被出卖时，
友情就无法继续维持了。

有时，不同的生活圈子
让朋友间渐渐疏远了。

但也有一些朋友，
我们可以与之共度一生。

什么是
进步？

发展一定会使人类进步吗？

科技的发展提高了人们的生活水平，
但同时也引起了一系列令人担忧的问题。

一些发明
向人类提供了
宝贵的
技术服务。

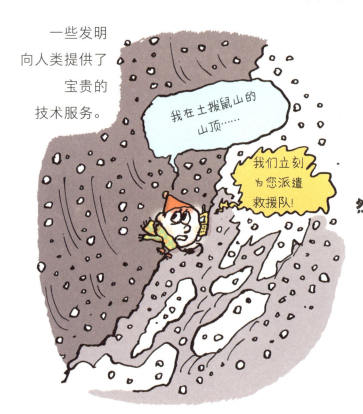

然而……

这些新工具能够
帮助人们更好地交流吗？

我们开始意识到，
这些新设备可能会危害我们的健康

有些交通工具和工厂会排放烟雾污染环境，
危害人体健康。

然而……

太棒了！
科技的发展确实能使生活
更加便捷。

商品被大量地生产出来，
价格随之降低，人们因此受益。

一些科技成果使得制造大规模杀伤性
武器成为可能……

然而……

人们也可以巧妙地运用这些科技成果，
来为成千上万的人治病。

正是一个又一个新发现，
拓展了人类的知识领域。

随着社会的发展，
我们的生活逐渐得到更好的保障。

然而……

但有些人却认为，一些新的权益
出现不一定就意味着进步。

如果不是所有人都受益，那么这又
怎能被称作进步呢？

应该停止发展吗？

人们总会被新事物吸引，因此，想要停止发展是很困难的。

人类应该思考的是：对我们而言，什么才是最重要的？

语言
有什么作用？

语言有什么作用？

语言造就了人的思维方式。

在学会说话之前，婴儿还不能理解周围的世界。

语言可以传达人的想法。

想法形成于每个人的脑海中，它是隐形的。

语言是人与人之间沟通的桥梁。

语言使人们可以互相交流。

在语言的帮助下，小孩子可以渐渐形成自己的思维。

通过语言，人们可以试着向他人表达自己的想法，并把它传播出去。

语言帮助人们表达自己的想法、情感和观点。

一千零一种语言。

不是所有的想法都能用话语来表达，
因此除了话语之外，还存在着其他种类的语言。

时间是什么？

时间是怎样流逝的？

时间在神秘地流动着。我们既看不见它，也摸不着它。

但我们可以通过观察事物的变化发现它……

太阳升起又落下，时间不断地流逝。我们每一天都过着不一样的生活。

我们长大，变老……时间的脚步匆匆，我们的生活不断向前。

我们怎么知道时间在流逝呢？

钟表的指针以恒定的速度走着，然而人们却觉得时间是有弹性的。
它有时快，有时慢。人们总在不停地追逐时间……

不同的事情让我们觉得时间有时过得快，有时过得慢。

自从开始计量时间，人类就不再自由了，因为时间在规划每个人的生活。

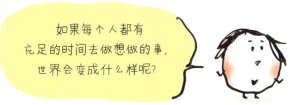

我们可以控制时间吗？

没有人能控制时间，
但为了让生活更美好，每个人都有自己消磨时间的方式。

这是公平的，还是不公平的？

这是公平的，还是不公平的？

怎样判断一件事的公平性呢？

自古以来，人们就一直在思考维护公平的各项准则，
因为我们需要和平共处。

怎样定义"正常"呢？

人们认为生活中习以为常的事或大家都会去做的事就是正常的。

自然的和符合逻辑的事情，对于我们来说是正常的。

我们把符合标准的产品称为正常的。

正常的事，就是我们应该做的事吗？

我们把公平的事情看作是正常的。

我们必须遵守法律和规则，这是正常的。

做自己应该做的事情，也被我们认为是正常的。

我们可以找出"正常"和"不正常"的区别吗？

一些事情经常发生，
尽管它们不符合规定。

一些事情看起来不公平，
但合乎规定。

什么是真正的"正常"？

同样的事发生在不同的地点、不同的时间，
人们对它正常与否的判断会有所不同。

什么是种族歧视？

什么是种族歧视？

一些人认为，其他种族的人和自己不同，也不如自己的种族优秀。

在法国，种族歧视是违法的，具有种族歧视意味的语言和行为会受到法律惩罚。

种族歧视是怎样形成的？

每个人都是不同的，但人们经常忘记：不同的人也会有共同点。

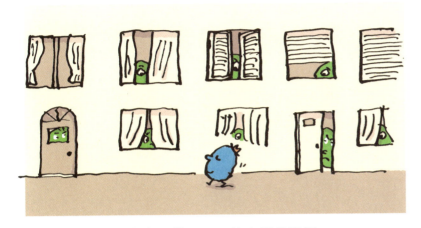

人与人之间的不同可能会引起恐惧，
因为人们不愿意相信不熟悉的人。

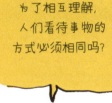

当人们不能互相理解时，
并不是所有人都愿意去改变这一状况。

加入集体会使人们感到更安全，
但各个集体之间的相处可能并不融洽。

我们可以和不同的人一起幸福地生活吗？

差异是人类大家庭的宝贵财富，我们该怎样去珍惜它呢？

学着相互理解，意味着透过表面现象去寻找心灵深处的相通点。

意识到每个人都不一样之后，我们就能更好地接受彼此。

"女孩"与"男孩"意味着什么?

女孩是什么?

有的孩子是女孩,有的是男孩。顾名思义,女孩是儿童阶段的"女性人类"。女孩长大成熟后,就是女人,这时她就能怀孕生小宝宝了。

大家认为女孩会留一头长发,穿裙子,有些害羞,喜欢扮公主。

女孩就非得这样吗?

男孩是什么？

男孩是儿童阶段的"男性人类"。他们长大后会成为男人，有自己的孩子，
但孩子不是在男人的肚子中长大的。

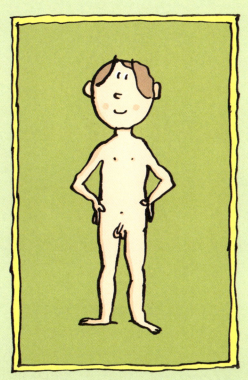

所有的男孩都是这样的吗？

人们认为男孩会留
很短的头发，穿长裤，
而且胆子很大，
喜欢玩汽车。

为什么会有男孩和女孩？

自然界中，大多数物种通常都需要雄性
和雌性共同配合，才能完成种群的繁衍。
而人类是由男人和女人组成的，
他们可以在一起生出下一代：
男孩或女孩。

男孩和女孩有什么不同？

自古以来，男孩和女孩就在人类社会中扮演着不同的角色。
这些区别源自哪里？它们是否合理呢？

女孩和男孩的一千零一个特点……

无论女孩还是男孩，
重要的是明白自己是谁！

无论是高
是矮……

是胆怯
还是勇敢……

这些特点女孩都有！

是安静
还是好动……

是胆怯
还是勇敢……

无论是高
是矮……

这些特点男孩也有！

是安静
还是好动……

什么是
信任？

什么是信任？

信任是人与人之间的一种联系，它使人们彼此相连。

如果没有信任，人们甚至无法在一起生活！

信任一个人，能让我们相信他说的话。

信任一个人，能让我们对他敞开心扉。

信任

信任一个人，
能让我们相信他会圆满地完成任务。

信任一个人，能让我们体会到
他带来的安全感，觉得他值得依靠。

人们为什么会信任他人？

并不是在所有的情况下我们都会信任他人，也并不是所有的人都会被我们信任。

那么，我们会因为什么而信任他人呢？

我们会更容易信任熟悉的人。

我们会更容易信任我们爱的人
和爱我们的人。

我们会更容易信任相信我们的人。

我们会更容易信任那些已经证明
自己可以被信任的人。

我们会更容易信任知识比我们丰富的人。

信任有什么作用？

信任是一种力量，
它给予人们前进的勇气。

信任自己，
要比信任他人
容易吗？

为什么
会有
富人和穷人？

因为他们薪水很高。

因为他们继承了财产。

因为他们中了大奖。

因为他们出生在发达国家。

而有些人贫穷呢？

因为他们没有工作。

因为他们没有人可以依靠。

因为他们花了太多钱。

因为他们生活在贫困家庭里。

为什么我们想成为富人？

有了钱，我们才能住进舒适的房子，解决温饱问题，生病时才能有钱买药……
而一旦拥有了这些，我们往往会认为越有钱才能越幸福。

钱可以给人们
带来一切吗?

历史
有什么用？

为什么要关注历史？

历史告诉我们人类的过去……
那么，我们也是历史的一部分吗？

在人类大家庭中，
人与人互相连接，
就像是同一条锁链上的一个个环节。

那么，
我们关注历史，是为了知道
自己从哪里来的吗？

历史教会了我们什么？

过去的事已经过去……那么，我们从先人的经验中学到了什么呢？

人类的知识代代相传，正是在这个基础上，人类才不断地获得进步。

一些思想经过数个世纪流传至今，仍能帮助我们解决很多问题。

在学习历史时我们会发现：无论是过去还是现在，人们总会对世界提出同样的问题。

我们和古人之间的差别并没有想象中那么大。

历史上，人类曾经犯下许多错误。

如果我们认识到这些错误，就能避免再犯。

历史的作用是什么？

了解过去，能够让人更好地理解现在，并为未来做准备……

历史让我们明白自己是谁，
也有助于我们决定要成为什么样的人。

一定要了解历史，
才能创造未来吗?

"成功"和"失败"是什么？

成功，还是失败？

人生有成功，也有失败，大家都认同这一点。

同一件事，到底是成功还是失败，有时我们的看法并不相同。

"失败"还是"成功",不同的人有不同的定义。

某种意义上的失败,也可能是另一种意义上的成功。

为什么我们害怕失败？

当我们在一件事情上遭遇失败时，会觉得很难过，
甚至会错误地认为自己是个失败者……

我们又为什么想要成功呢？

成功总能给人带来快乐，但成功并不会让我们变得与众不同。

孤独
是痛苦的吗？

为什么我们害怕孤独？

人类是群居动物。我们害怕孤独，
尤其是当我们无法选择，只能面对孤独的时候……

当我们独自一人时，
会觉得很无聊。

当我们找不到人说话时，
会觉得自己被遗忘了。

当我们不合群时，
会觉得自己被大家排斥了。

当我们找不到人依靠时，
会觉得很不安全。

当我们找不到人交流时，
生活该如何往前走呢？

与世隔绝是最糟糕的惩罚，
甚至是一种折磨。

孤独也可以令人愉快吗？

有时候，我们很希望一个人待会儿，

因为孤独有时也是一种快乐。

当没有人约束我们时，

我们可以做一切自己想做的事情。

当我们独立完成一件事情时，

会感到很骄傲。

当我们不需要考虑他人的意见时，

就避免了争吵。

当我们独处时，

会更容易集中注意力思考。

有时，我们需要

通过独处来调节自己的情绪。

为了更好地探索自己的内心，

我们可以选择在一段时间内独自生活。

我们会完全孤独吗？

在一定程度上，人人都是孤独的，
因为我们每个人都不一样，
都需要过好自己的生活。

但我们并不是完全孤独的，
因为他人是我们生活的一部分，
我们总会记得一些人，爱着一些人。

"负责任"是什么意思？

"负责任" 是什么意思？

负责任，就是能够承担自己的决定所带来的后果，
这样我们才能够自由地做想做的事。

负责任，就是做选择之前仔细思考，
而不是想到什么就做什么……

负责任，就是能够预料到事情的结果，
并试着采取相应的行动。

我们能够对
意料之外的事情
负责吗？

有时，我们必须主动承担事情的后果，
尽管我们不是故意的。

有时，即使我们做的事情并非
出于自愿，却仍要为此承担责任，
这一定不公平吗？

我们该对什么负责？

愤怒
是什么？

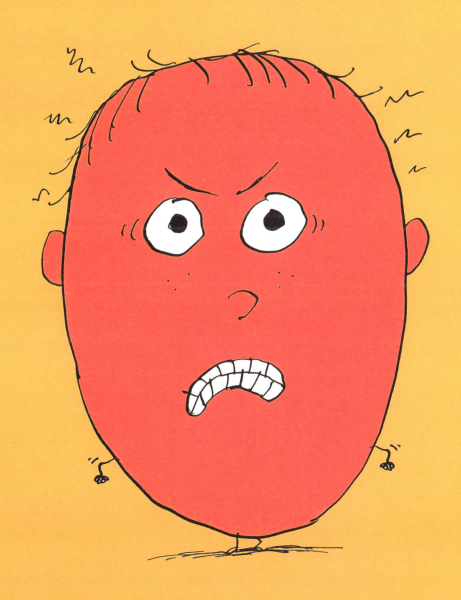

为什么我们会愤怒？

当遇到一些处理不了的情况时，

我们会哭喊，想要摔东西，觉得自己愤怒得快要爆炸了……

有时，

我们会因为不公平的现象而愤怒。

有时，

我们会因为觉得自己无能而愤怒。

你们难道
不能理解我吗？

有时，

我们会因为得不到想要的东西而愤怒。

有时，

我们会因为不被他人理解而愤怒。

有时，

我们会因为被他人嘲笑、羞辱而愤怒。

有时，

我们会因为被攻击、打击或辱骂而愤怒。

有时，

我们会因为过于担心所爱的人而愤怒。

有时，

我们会因为被迫做不愿意做的事而愤怒。

愤怒有种巨大的能量！

愤怒是我们身上力量最为强劲的情绪。
它会摧毁一切，或是促使我们行动。

愤怒就像一场暴风雨，
它把我们变成狂怒的大海，摧毁面前的一切。

但有时，愤怒也是一种动力，
帮助我们找到勇气，去改变那些令人愤怒的现象。

为什么人们总会有意见不同的时候呢？

同意！

当我们认同他人时，事情会变得很简单。

当他人与我们想法一致时，
我们就会知道他们认同我们。

我们可以强迫他人
同意我们的观点吗？

一些人认为，
有些事情是所有人都会赞同的。

当我们的观点相同时，
这个观点就一定是
正确的吗？

如果我们想要与他人和谐相处，
那么同意他们的观点是简单而有效的方法。

为了与他人和谐相处，
我们应该放弃自己的观点吗？

当我们没有自己的观点时，我们会觉得，
最简单的方法就是认同他人。

在所有的事情上，
我们都应该持有自己的观点吗？

不同意！

可是，让全世界都认同一个观点并不是一件容易的事……

有些问题，
存在着许多不同的答案。

世界上存在
无可争议的事实吗？

有时，
我们很难接受别人的观点。

应该坚持自己的观点吗？

由于年龄、阅历和生活地点不同，
我们对于事情的观点也各不相同。

会不会有些观点比
其他观点更重要呢？

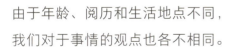

有些人为了让自己与众不同，
从不同意他人的观点。

如果凡事都拒绝听取他人的
意见，我们还能进步吗？

有自己的观点是件好事吗？

当我们意见不同时，就会进行讨论，
这时需要倾听并尊重他人的观点。

我们该不该
同意危险的观点呢？

融合不同的观点，
能够使我们发现新的方法，获得进步！

听一听他人的观点
会不会很有趣呢？

危险是什么？

世界上有很多种危险。

有些危险我们很快就能辨识。

对于不同的人来说，危险也是不同的。

对于一些人来说很危险的事情，对于另一些人来说却并不危险。

有时，我们不能分辨出危险。

有些人会把并不危险的事情看得很危险。

有些看起来并不危险的事情，其实很危险。

危险并不总是和年龄有关。

有些人看不到危险近在眼前！

我们可以避开所有的危险吗？

我们可以保护自己不受危险的伤害。

渐渐地，我们会变得更加勇敢，可以面对更多危险的事情了。

什么是
愚蠢的问题？

为什么我们认为

因为我们已经知道了答案。

一辆自行车
有几个轮子呢?

然而

你在开玩笑吗?
所有人都知道自行车
有两个轮子啊!

也许他从来没见过
自行车。

但自行车也可能
有四个轮子啊,如果你给它
加上两个小轮子的话……

因为我们不知道答案。

世界上先有鸡还是先有蛋?

然而

自古以来,人们提出了
许多没有答案的问题。

有趣的不是问题的答案,
而是思考的过程。

一些问题是愚蠢的呢？

因为我们认为提出问题的人是傻瓜。

太阳落山后，是掉到大海里了吗？

然而

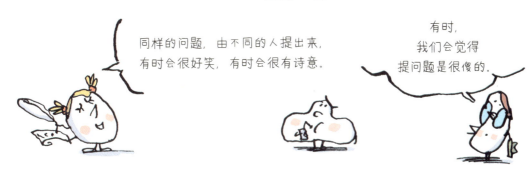

同样的问题，由不同的人提出来，有时会很好笑，有时会很有诗意。

有时，我们会觉得提问题是很傻的。

因为这是一个令人惊讶的问题。

我们能发明出随天气改变颜色的衣服吗？

然而

他的想象力真丰富！

也许我们觉得别人是傻瓜，是因为自己永远想不到这一点。

正是在提出问题的过程中，发明家们推动了科技的进步。

无论是什么问题，我们都可以提吗？

别人怎么想并不重要，
只要提问的人对这个问题感兴趣，
那么这个问题就有价值。

索 引

（按拼音排序）

阅读指导：

思考的方法千千万万，每个孩子都有适合自己的阅读方法。在这里，我们给出的是较为一般性的建议。希望家长能陪伴孩子在阅读本书时，理解更深入、交流更快乐！

每个篇章的最后一页，或是总结性建议，或是引导性追思，两种都各有乐趣。读完这一页后，可以再次尝试回答本篇章的主题问题，对比最开始写下的回答看看，自己的思考又有了怎样的变化？

阅读中，如果孩子的注意力集中在书中可爱的漫画角色上，也不要心急。这些角色活泼可爱，自由自在，读一读他们妙趣横生的对话，也能帮助小朋友更好地理解书中的抽象概念！

在阅读正文前，不妨试着将自己对问题的回答记录下来。不要小看这一步哟！对比阅读前后的思考过程，能直观地体现思考对于理解的作用。

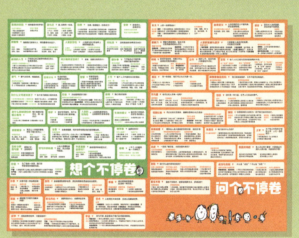

特别提示： 如果亲子讨论过于热烈，迷失方向，可以参考逻辑思维导图，快速掌握本书脉络，找到话题方向。当然，有自信的小朋友也可以尝试不看思维导图，自己梳理每个篇章脉络，最后再和思维导图比一比，看看哪个做得更好！

仔细阅读书中的陈述句，对比书中提到的情景解释，看一看有没有包含自己在最开始列下的回答。

好玩，有爱，自由自在，每一个小朋友都值得成为懂得独立思考，拥有无限未来的自己！

对书中的每一个追问，都认真倾听孩子的回答，并尝试继续追问孩子原因。注意！在交流中最重要的不是"驳倒"，而是"尝试理解对方的想法"。在不断的思考和不断的讨论之中，帮助孩子建立自己的世界观和思维方式。

想个不停卷

羞愧的原因 ▼ 倾听脑海中的声音!
太过介意他人
①被人发现隐私时 ②被嘲笑时 ③失败时 ④被指责时
对自己羞愧时
自信心不足

美与丑 ▼ 美,没有统一标准。
影响美的标准
①个人:生活状态、经历、喜好 ②时代、地域
判断美的维度
①本质:外貌形式 ②直觉/经验 ③情绪 ④历史

恐惧 ▼ 恐惧,既是阻力,也是动力!
①儿时的恐惧—长大的恐惧 ②暂时的恐惧—反复的恐惧 ③虚幻的恐惧—真实的恐惧 ④无害的恐惧—可以解决的恐惧 ⑤自己可以克服的恐惧—需要他人帮助克服的恐惧

变老 ▼ 既有快乐,也有悲伤!
变老是件正常的事
衰老不是件有趣的事

做蠢事 ▼ 随着我们渐渐长大,做的蠢事也会变少。
原因
无知、有趣、无知、自私
结果
有些蠢事后果严重,有些蠢事能让人进步

人类的存在 ▼ 人类要为自己在地球上做的事情负责。
人类的存在轨迹
人类存在的原因 上帝创造? 适合即存在? 没有原因?
人类存在的特殊性 ①会思考 ②会说话 ③明白生与死的概念

开玩笑 ▼ 没有笑容的世界是乏味的!
令人悲伤的场合 开玩笑可以减轻痛苦
令人难过的场合 相互了解的前提下,可以开玩笑
令人生气的场合 如果不把玩笑放在心上,事情其实会很有趣

成功的人生 ▼ 只有我们自己能够判断自己的人生是否成功。
成功的人生意味着什么?
①每个人对成功的定义不同,我们无法在所有事情上都成功 ②长大后才会逐渐明白成功是什么 ③成功永远不怕晚
谁来判断成功与否
自己?朋友?老师?社会?

可以畅所欲言吗? ▼ 发言,需要三思而后行!
可以
①自由表达的权利 ②不能说谎③交流可以解决分歧④严重事时需要表达想法⑤畅所欲言让人开心
不可以
①畅所欲言会伤害到别人②法律禁止诽谤别人③需要守护秘密④不能说谎⑤会引发争吵

做坏事 ▼ 不可能永远不做坏事,但我们要尽量少做坏事。
变坏的原因
①遭遇了不幸②想要报复③想要耍坏④友好不是假装
做坏事的后果
变得孤零零该做何反思
分类
故意、无意

勇气 ▼ 勇气与恐惧,相辅相成。
各种各样的勇气
①战胜恐惧 ②坚持到底 ③勇于展示自己 ④不顾自身安危 ⑤勇敢拒绝别人

言听计从 ▼ 听话的同时,也要学会思考!
应该
①应该听父母的话? ②应该听老师的话? ③应该遵守法律法规
不应该
①应该在危险时?②感到不信任时?③不同意对方的观点时

智慧 ▼ 想要变聪明,方法有很多!
①智慧不可被测量 ②智慧不意味着学到知识 ③智慧不等于聪明 ④智慧并非衡量优秀的唯一标准⑤智慧 = 学习 + 努力

工作 ▼ 每个人工作都有自己的理由。
坏的一面
①被强迫做事 ②枯燥/疲惫 ③早起
可以的一面
①可以自力更生 ②可以得到回报 ③社会各司其职令人安心 ④提供情绪价值:尊重、充实、乐趣

为什么父母要有孩子 ▼ 每个孩子都是父母的惊喜。
①生物学基础决定②期待回报③社会层面
情绪层面:有孩子令人安心、人们相爱时就会想要自己的孩子
期待回报:希望有了老后能有人照顾、在孩子身上寄托自己的理想
社会层面:孩子是家庭和国家的希望

自由 ▼ 自由是需要学习的!
限制自由的因素及解决方法:
①社会及生活的规则:可以试着改变规则 ②道德:寻找与他人和谐相处的方法 ③身体和情绪:思考什么是真正对自己有益的事物 ④他人的看法:学会表达自己真实的想法

偷懒 ▼ 我们有权偷懒!
偷懒的表象
①浪费时间 ②什么都不做 ③不愿付出努力 ④做事不积极
偷懒的深层原因
①不开心 ②不明白 ③心不在焉 ④太难了 ⑤不愿勉强过 ⑥不着急 ⑦太累了

是什么影响我们的独立思考 ▼ 我们需要仔细思考,再一起讨论!
影响因素
①从众心理 ②情绪影响 ③理智限制 ④无法控制自己的想法

嫉妒 ▼ 嫉妒在所难免,但不去攀比会让我们更幸福。
嫉妒的原因
①缺失爱 ②想要占有
嫉妒的后果
①感到痛苦 ②去做坏事

人类的特殊性 ▼ 人类拥有更多权利,也需要肩负更多责任。
人类特别
①会说话 ②可以改造环境 ③拥有想象力 ④知晓死的存在 ⑤拥有道德观念

生命的意义 ▼ 面对死亡的到来,追寻生命的意义。
所有的生命都会死亡:生命的终止是一件很难让人接受的事情
什么是死亡:人类从未停止对死亡的探索

想要更多 ▼ 真正让人幸福的事物,存在于我们的内心......
想要的东西
钱、朋友、汽车、出名、时尚、领土、糖果......
把生活当成了比赛,想要赢
后果 不会幸福

友善 ▼ 友善很重要,但并非每个场合我们都需要友善。
友善的原因
①为了开心:让自己开心/让他人开心 ②为了获得事物:获得某些东西/获得夸奖 ③为了他人:想着讨别人喜欢、不会拒绝别人
友善的条件
①一味地顺从别人的需要吗? ②对做坏事的人也要友善吗?

领导者 ▼ 选择好领导!
为什么需要?
①统领集体 ②代表解决问题 ③督促有序
如何产生
①推选 ②公认 ③根据身体能力 ④根据领导力

怎样分辨真与假 ▼ 真假之分,有一千种样子。
简单的事物:依靠见闻就能分辨
复杂的事物:需要仔细思考,获得证据

好与坏的标准 ▼ 人和人想要和谐共处,就必须遵守规则。
是谁确定?
法律、道德
该如何做
遵守法律、改进规则

外表美丽重要吗? ▼ 美有很多种表现方式。
判断美的标准
时代、国家、文化
影响美的因素
①想法决定内容 ②爱会让我们觉得美 ③美好的行为、语言让我们美

爱情 ▼ 一千个人的爱情,有一千种样子。
爱情的出现就像一场大冒险
爱情让人快乐,也会让人悲伤

犯错 ▼ 为了做成一件事,我们经常需要承担犯错的风险。
重:①自我厌恶②让人失望③受到惩罚④后果不可挽回
严重:①每个人都会犯错②可以弥补③带来收获④在错误中成长
犯错的原因 对未知的慌乱

分享 ▼ 分享不是一件容易的事!
分享什么......
为什么分享......
①给予每个人适合的物品 ②真心实意地给予
分享会使他人更愿意与我们分享

金钱 ▼ 金钱能买到很多东西,但也有很多东西金钱无法买到。
金钱的诞生
以物易物之后诞生
金钱的正面影响
①维持生计②让人与社会生活③提供更多选择④获得权势与尊敬⑤帮助别人
金钱的负面影响
①带来享乐②助战争③被钱束缚人生
钱也买不到的东西
爱、大海、想象力、青春......

幸福 ▼ 或许幸福就是看待生活的一种方式。
幸福的前提
解决最基本的生活需求
感到幸福的时刻
①从好的一面看问题 ②抓住身边美好的事物
幸福的配方

报复 ▼ 用报复之外的方法解决问题。
①释放体内的暴力②想要返还给别人③表达内心的悲伤
解决方式
好好交流、寻求局外人的帮助

听从内心 ▼ 既要倾听内心,也要学会思考。
有时应该听从自己的内心
①表达自己所想时②需要鼓起勇气时③只有自己最了解自己④为了让自己不后悔
有时不应听心所欲
①面对无力承担责任时②需要考虑他人时③被愤怒冲昏头脑时

艺术 ▼ 人类用艺术来想象、创造以及解读世界。
作用
①建立联系:拉近人与人的距离、聚集爱好者 ②让生活更美:享受一瞬的美丽、激发各种情绪 ③促进表达:帮助传达深刻情感、促进不同世界观的交流 ④艺术也可以并没有什么目的!

争 ▼ 没有战争的世界,可能实现吗?
引发战争的原因:①夺得领土②争夺财富③彰显勇气④重获自由⑤证明自己的强大⑥无法共同生活下去时⑦提出、推行、捍卫自己的思想
没有战争的可能性
可能:①减少不平等现象②学会交流思想
不可能:①战争自古至今都有②为了维护和平和刺激,需做好面对战争的准备③人类天生喜欢冒险和刺激

幸运 ▼ 幸与不幸,完全取决于我们如何看待事物。
两者关系:①幸与不幸各占事情的二分之一②会相互转换
幸与不幸之间:①认为别人是幸运之人,可能是出于嫉妒②不幸之人的不幸,有时候也并非他自己选择的结果
幸运何时来:①一些人相信某些物品能带来幸运②有时,幸运就是在适当的时机采取行动

问个不停卷

长大 ▼ 人的一生都在成长!
长大是件好事吗?
是的:①长大后更自由②拥有更多经历③可以学到更多东西④懂得更多事情
不是:①要做无趣的事情②父母的宠爱减少③会离死亡越来越近
长大的标准
长高、懂事、满18岁、知识渊博、有工作......

自我定义 ▼ 人对自我的定义不甚完善,但也会做不到事情。
区分我们与他人的方式
身份信息、外表、情绪、行为
动摇自我认知的因素
①他人眼中与自我认知的不同②时间的流逝③极端情绪影响

语言 ▼ 语言对人类很重要,但也有做不到的事情。
作用
①造就人的思维方式②传达他人的想法③人与人之间沟通的桥梁
局限性
①不是所有的想法都能用语言表达

想象力 ▼ 想象力是敌是友,取决于我们是否能很好地认识它。
想象力的作用
正面作用:①带我们去任何地方②肉眼看不到的事③让一切皆有可能④创造新事物
负面作用:①令我们不安②令期待落空③有时会让我们感到失落

人类的发展与进步 ▼ 只能使人类进步的发展,才是真正的发展!
发展与进步
①科学发明:提供宝贵的技术服务|危害健康②科技成果:治疗疾病、拓展人类的知识领域|制造大规模杀伤性武器③交通工具和工厂:交通工具使生活更加便捷、工厂大量生产商品,使人们生活受益|污染环境④社会发展:生活得到更好的保障|并非人都能受益
是否应该停止发展
难以停止发展:世界会被新事物吸引,很难停止发展
需要考虑的问题:①少一点点污染,多一点尊重增强每个人的幸福感

时间 ▼ 时间不能控制,但我们可以选择如何更好地度过。
怎样流逝
①随着太阳的东升西落②不断流逝③时间匆匆流过,生活不断向前
是否可控
不可
如何感知时间
弹性的时间:有些事情与公平无关,但看起来更公平有时,时间过得快,有时慢

公平 ▼ 维护公平,是因为我们需要和平共处。
如何判断是否公平
①有些事情与公平无关②出于维持秩序的需要,我们可能遭遇到不公平对待

正常 ▼ 每个人对正常与否的判断有所不同。
对"正常"的定义
①习以为常的②大家都会做的③符合逻辑的④符合标准的
何为"正常的事"
①经常发生,但不符合规定,是"正常"的事吗? ②公平的才"正常"吗?
区别"正常"与"不正常"
法律和法规③做自己应该做的事
影响判断正常的因素
不同地点、不同时代

朋友 ▼ 有一些朋友,我们可以与之共度一生。
定义
①所爱之人②一起分享的人③可以无话不谈的人④可以依靠的人
选择朋友的原因
①与我们相同②与我们不同
决裂原因
①感觉被出卖时②生活圈子不同时

孤独是痛苦的吗 ▼ 我们既是孤独的,又并不是完全孤独的。
害怕孤独的原因
①孤独让人感到无聊②感到被遗忘③感到被排斥④感到无安全感⑤找不到前进的方向⑥与世隔绝是一种折磨
喜欢孤独的原因
①独处时没有人约束,想做什么就能做什么②独立完成事情让我们感觉骄傲③孤独让我们更容易集中注意力思考④通过独处来调节情绪、探索自己的内心

穷与富 ▼ 钱可以给人带来一切吗?
富的原因
薪水很高、继承了财产、中了大奖、出生在发达国家
穷的原因
没有工作、无人可依靠、花了太多钱、生活在贫困的家庭
向往富裕的原因
①在宽裕的房子,解决温饱问题,生病时有钱买药—一旦获得这些,我们就会认为有钱越幸福

信任 ▼ 信任是一种力量,给予人们前进的勇气。
定义
信任是使人与人彼此相连的一种联系
信任的作用
①相信别人所说的话②相信别人会圆满完成任务③对他人感到安全,值得依赖④让我们敢于打开心扉
信任谁?
①熟悉的人②我们爱和被爱的人③帮助我们的人④已证明可信任的人⑤知识比我们丰富的人

性别认知 ▼ 无论女孩还是男孩,重要的是明白自己是谁!
定义
女孩:①儿童阶段的"女性人类"②能够怀孕生宝宝 男孩:①儿童阶段的"男性人类"②可以成为小宝宝的父亲,但不能生小宝宝
为什么会有女孩和男孩
自然规律:物种分雌性和雄性,完成繁衍
女孩和男孩有什么不同?
适合的东西不同?人们的反应不同?不同的行为模式?擅长的事物不同?职业选择不同?

愤怒 ▼ 愤怒有种巨大的能力!取决于我们如何对待它。
愤怒的原因
①不公平的现象②自己的无能③得不到想要的东西④被他人理解⑤他人的嘲笑、羞辱⑥被攻击、打击或辱骂⑦担心所爱之人⑧被迫做不愿做的事
愤怒是把双刃剑:一切以愤怒促使我们去改变现状

种族歧视 ▼ 差异是人类大家庭的宝贵财富,理应珍惜!
定义
认为其他种族的人和自己不同,不同,不是一样的种族优秀
种族歧视是如何形成的?
①人与人之间的不同引发恐惧②不能相互理解时,并改变状况③集体之间的相处并不融洽
应该如何做
①相互理解,透过表面现象去认识深处的相通点②意识到彼此不同,接受彼此

负责任 ▼ 我们该对什么负责?
什么是负责任?
①能承担自己的决定所带来的后果②做出选择之前仔细思考事情的结果,采取相应的行动③承担自己决定的后果,尽管并非有意为之

上学 ▼ 为了能让有孩子的父母,人们一直在努力。
上学的好处
①上学可以学到很多知识②认识很多人③学着自己解决问题

历史 ▼ 一定要了解历史,才能创造出未来吗?
关注历史的原因
历史告诉我们人类的过去
历史教会我们:
①知识代代相传,人类不断获得进步②思想流传至今,帮助我们解决问题③古人和今人都会提出同样的问题,拉近古今距离③历史帮助我们认识错误,避免再犯

愚蠢的问题 ▼ 别人怎么想不重要,只要提出问题的人感兴趣,问题就有价值!
因为我们已经知道了答案 / 因为提出问题的人是傻瓜
因为我们不知道答案 / 因为问题让人惊讶

危险 ▼ 我们可以避免所有危险吗?
世界上有很多危险
有些危险容易辨识
对不同的人来说,危险的量不同
有些危险并不是总和年龄有关
不能分辨出危险的情况
①有些人将不危险看作危险②有些人对危险熟视无睹
应对危险的方法
①学会保护自己②变得勇敢,可以面对更多危险

成功与失败 ▼ 什么是"成功"?什么是"失败"?
成功与失败之间的关系
两者皆有各不相同、相互转化:①不同人对成功和失败的划分有不同的看法②不同人有不同的定义③某种意义上的失败,也可能是另一种意义上的成功
为什么害怕失败
①我们想成功过②失败让我们陷入自我否定
为什么想要成功
①成功让我们快乐②然而成功并不让我们与众不同

意见不同 ▼ 融合不同观点,能够发现新方法,获得进步。
同意的原因
①想法一致②所有人都赞同③想要与他人和谐相处④没有自己的观点时
不同意的原因
①许多问题,存在着不同的答案②难以接受别人的意见时③年龄、阅历和生活地点不同,观点也不同④为了显得自己与众不同